AF313223

OBJETS D'ART

D'AMEUBLEMENT

TAPISSERIE GOTHIQUE

Tableaux Anciens et Modernes

APPARTENANT A MADAME DE R***

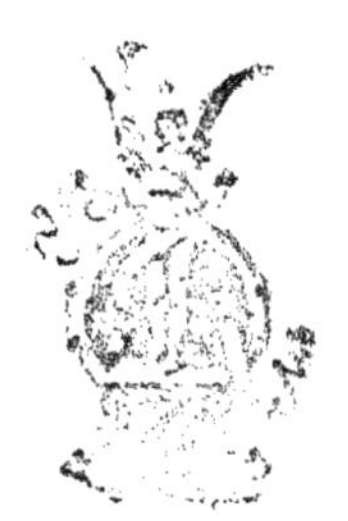

CATALOGUE

DES

OBJETS D'ART

ET D'AMEUBLEMENT

ANCIENS ET DE STYLE

FAIENCES ET PORCELAINES

BOITES — BIJOUX

Orfèvrerie — Dentelles

BRONZES, PENDULES

PAIRE DE CHENETS DU TEMPS DE LOUIS XV

MEUBLES

TAPISSERIE GOTHIQUE

TABLEAUX ANCIENS ET MODERNES

AQUARELLES, DESSINS, PASTELS

PAR

AVED, DROLLING, LEMOINE, LOUTHERBOURG, SANTERRE, ETC., ETC.
J. DUPRÉ, V. GILBERT, E. LAMI, MONTICELLI, PISSARO, PUVIS DE CHAVANNES,
TH. ROUSSEAU, F. THAULOW, ETC., ETC.

Appartenant à Madame de R***

ET DONT LA VENTE AURA LIEU, A PARIS

HOTEL DROUOT, SALLE N° 1

Les Mardi 4, Mercredi 5 et Jeudi 6 Avril 1905

à deux heures

COMMISSAIRE-PRISEUR

M° **PAUL CHEVALLIER**, 10, rue Grange-Batelière

EXPERTS

Pour les Objets d'art :	*Pour les Tableaux :*
MM. MANNHEIM	**M. JULES FÉRAL**
7, rue Saint-Georges	7, rue Saint-Georges

EXPOSITION PUBLIQUE

Le Lundi 3 Avril 1905, de une heure 1/2 à cinq heures 1/2

CONDITIONS DE LA VENTE

Elle sera faite au comptant.

Les acquéreurs paieront *dix pour cent* en sus des prix d'adjudication.

L'exposition mettant le public à même de se rendre compte de l'état et de la nature des objets, il ne sera admis aucune réclamation une fois l'adjudication prononcée.

Paris. — Imprimerie de l'Art, E. Moreau et Cⁱᵉ, 41, rue de la Victoire.

ORDRE DES VACATIONS

Le Mardi 4 Avril 1905

Faïences, Porcelaines . . . . 1 à 26
Objets de Vitrine, Boîtes . . . . 27 à 119

Le Mercredi 5 Avril 1905

Orfèvrerie . . . . 120 à 140
Objets variés . . . . 141 à 177
Dentelles . . . . 178 à 181
Bronzes, Pendules . . . . 182 à 202
Tapisserie 203
Meubles, Tapis . . . . 204 à 237

Le Jeudi 6 Avril 1905

Dessins, Tableaux . . . . 238 à 308

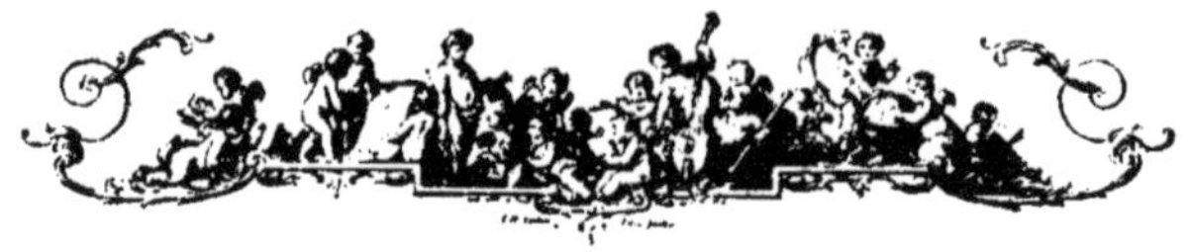

Désignation

FAIENCES. PORCELAINES

1 — Deux hanaps variés en ancienne faïence allemande.

2 — Brasero en ancienne faïence blanche.

3 — Broc en ancienne terre de Kreussen.

4 — Fontaine en faïence du Midi, à personnages et paysages.

5 — Six assiettes en ancienne faïence de Marseille, à fleurs.

6 — Jardinière-applique, décorée de fleurs et insectes, en ancienne faïence de Marseille; couvercle ajouré.

7 — Deux statuettes en terre de Lorraine : Louis XVI et Marie-Antoinette, XVIIIᵉ siècle.

8 — Assiette en ancienne faïence de Delft : Arbustes et oiseaux.

9 — Théière, sucrier, pot à lait, trois tasses avec soucoupes. Porcelaine à décor de fleurs.

10 — Groupe en biscuit : le Baiser, dit de *Houdon*. Socle cannelé en faïence. Saint-Clément.

11 — Dix assiettes, fleurs en rose. Ancienne porcelaine de la Compagnie des Indes.

12 — Quatre assiettes, fleurs en bleu. Ancienne porcelaine tendre de Tournai.

13 — Moutardier, avec couvercle : Paysage animé. Ancienne porcelaine de Buen-Retiro.

14 — Deux jardinières, à quatre faces, en ancienne porcelaine blanche de Limoges, décor doré.

15 — Beurrier, sur plateau fixe, avec couvercle, fleurs en bleu. Ancienne porcelaine tendre de Chantilly.

16 — Deux pots à crème, avec couvercles, décorés de fleurs, en ancienne porcelaine tendre de Mennecy.

17 — Douze tasses, avec soucoupes, ancienne porcelaine à la Reine : Monogramme et barbeaux.

18 — Sucrier, à anses-serpents, décor de fleurs. Ancienne porcelaine tendre de Vincennes.

19 — Compotier en ancienne porcelaine tendre de Sèvres, décor gaufré, avec rehauts de rose.

20 — Deux statuettes en ancien biscuit de Sèvres, par *Fernex* : Paysanne dansant et Joueur de cornemuse.

21 — Médaillon en ancien biscuit : Buste d'homme de profil ; portrait présumé de Necker.

22 — Groupe en ancien biscuit : l'Amour endormi et deux nymphes.

23 — Petite théière, avec couvercle en ancienne porcelaine de Saxe : Amours en camaïeu rose.

24 — Cinq tasses et trois soucoupes en ancienne porcelaine de Saxe : décors variés ; paysages animés et rinceaux en dorure.

25 — Moutardier, avec couvercle, décoré de fleurs. Ancienne porcelaine de Saxe.

26 — Cabaret en ancienne porcelaine de Copenhague, à décor de bouquets de fleurs et fruits, sur fond doré. Il comprend : une chocolatière, une théière, un sucrier, avec couvercles, un pot à lait, un bol, quatre tasses et quatre soucoupes et un plateau. Dans un écrin en bois.

OBJETS DE VITRINE, BOITES

27 — Médaillon de corsage, formé d'une peinture sur émail Louis XV : buste de femme. Encadré de strass.

28 — Boucle de ceinture en strass et argent. Époque Louis XVI.

29 — Bijou-pendeloque, en forme de vase de fleurs, en argent doré, enrichi de perles. XVIIIe siècle.

30 — Deux pendeloques en roses et argent. XVIIIe siècle.

31 — Deux pendants d'oreilles, roses et argent. Époque Louis XVI.

32 — Quatre boucles, en deux dimensions, en strass et argent. XVIIIe siècle.

33 — Chaînette avec croix en or et perles.

34 — Boucle en strass et argent.

35 — PEIGNE, quatre épingles de coiffure et broche en turquoises et roses.

36 — DEUX BOUCLES en argent, à décor de moulures.

37 — CHAÎNE DE COU en cristal de roche.

38 — PETIT COLLIER en strass.

39 — COLLIER en filigrane d'or, enrichi de perles baroques.

40 — PLAQUE de ceinture, à sujet saint, en argent doré.

41 — CEINTURE composée de plaques en argent ajouré et doré. Travail allemand.

42 — CEINTURE en argent doré et émaillé, à décor de rinceaux.

43 — BIJOU de corsage, avec croix en or, enrichi de pierreries.

44 — PETIT CADRE ROND, enrichi de diamants montés argent.

45 — CHAPELET avec croix, or et perles.

46 — DEUX COULANTS, enrichis de roses montées argent.

47 — BAGUE à chaton orné d'une miniature : Portrait d'homme Louis XVI, encadré de strass.

48 — BAGUE en argent, ornée d'un péridot entouré de strass, XVIIIᵉ siècle.

49 à 51 — CINQ BAGUES variées. (Seront divisées.)

52 — BAGUE en or, à chaton orné d'une miniature Louis XVI : Buste de femme.

53 — BAGUE en or, chaton mobile, formé d'un émail Louis XIV : Buste de femme.

54-55 — LOT de boutons variés.

56 à 58 — Lot de bijoux et objets de vitrine variés. Seront divisés.)

59 — MONTRE-SQUELETTE en or, enrichie de pierreries et décorée d'une petite peinture sur émail : Portrait de femme. Époque Louis XV.

60 — MONTRE en or repoussé, à sujet mythologique. Époque Louis XV.

61 — MONTRE en or, de *Lepaute à Paris* : cuvette ornée d'une rosace. Époque Louis XV.

62 — MONTRE en cuivre émaillé : Personnages. Fin du XVIIIᵉ siècle.

63 — BOITE plate ovale en nacre cloutée d'or, avec plaques de prime d'améthyste sur le couvercle : monture en or ciselé. Époque Régence.

64 — BOITE, de forme contournée, en ancien émail de Saxe : Sujet mythologique sur fond blanc.

65 — BOITE à fards, rectangulaire, en ivoire, montée or. Sur le couvercle, miniature ovale en grisaille : Sacrifice à l'Amour. Époque Louis XVI.

Vente de Thoisy.

66 — BOITE RONDE, décorée de rayures au vernis, ornée d'un fixé représentant une salle de spectacle. Au pourtour, d'autres petits fixés; sur le fond également, un autre fixé : la Lanterne magique. Époque Louis XVI.

Vente de Thoisy.

67 — BOITE à fards en écaille brune, montée argent doré. Sur le couvercle, dessin rehaussé de couleurs : la Place Louis XV (place de la Concorde). Époque Louis XVI.

(Vente de Thoisy.)

68 — BOITE RONDE en écaille blonde posée or à pois; sur le couvercle et le fond, deux miniatures ovales : Portraits de femme et de fillette. Époque Louis XVI.

69 — **Boîte ovale** en écaille blonde posée or et argent : Attributs de chasse. Époque Louis XVI.

70 — **Boîte ronde** en écaille blonde posée or, décorée d'une miniature ovale : Buste de femme. Époque Louis XVI.

71 — **Boîte ronde**, formée de plaques de biscuit à sujets allégoriques en blanc sur fond bleu : monture en or de couleur ciselé. Époque Louis XVI.

72 — **Boîte oblongue**, à pans coupés, en écaille blonde posée or à étoiles. Époque Louis XVI.

73 — **Boîte** en racine, décorée d'une silhouette de femme en grisaille. Époque Louis XVI.

74 — **Tabatière ovale** en agate gravée, à décor de paysages animés : bec du couvercle enrichi de pierreries. xviiie siècle.

(Vente de Thuisy.)

75 — **Boîte ronde**, décorée au vernis, à sujet mythologique sur fond or : monture en or. xviiie siècle.

(Vente de Thuisy.)

76 — **Boîte** en émail sur cuivre : Paysages animés : fond quadrillé. xviiie siècle.

77 — **Boîte ovale** en cristal taillé : monture en or gravé, à charnière. xviiie siècle.

78 — **Boîte ovale** en écaille blonde posée or, décorée d'une miniature : Portrait d'enfant. Fin du xviiie siècle.

79 — **Boîte ronde**, décorée au vernis, à l'imitation du jaspe, ornée d'une gouache à sujet allégorique. Fin du xviiie siècle.

80 — Boîte ronde en lapis, ornée d'une peinture sur émail : Fillette et enfant. Fin du XVIII° siècle.

81 — Boîte ronde en écaille blonde, ornée d'une gouache, représentant une rotonde dans une forêt. Fin du XVIII° siècle.

82 — Boîte en écaille brune, ornée d'une miniature : Portrait de Napoléon I°' ; signé : *Isabey*. Cadre en or à réverbère.

83 — Boîte ronde en écaille brune, ornée d'une miniature : Jeune Femme, vue à mi-corps ; signée. Époque Empire.

84 — Boîte, forme cœur, en or émaillé en plein, décorée de deux figures de fillettes sur le couvercle. Travail de Genève.

85 — Boîte en cristal de roche taillé, monture à cage en argent gravé et doré.

(Vente de Thuisy.)

86 — Boîte plate ovale en ivoire, à sujet d'après *Teniers*.

87 — Boîte en cuivre doré, à rocailles et sujets de chasse ; à l'intérieur : Portrait de femme.

88 — Boîte ronde en ivoire, ornée d'une miniature : Portrait de femme.

89 — Boîte oblongue en pétrification, ornée d'une mosaïque romaine : Le Colysée.

90 — Boîte ronde en argent gravé et doré ; couvercle et fond en nacre argentée, à rocailles.

91 — Boîte ronde en ivoire, ornée d'une gouache, à sujet de combat de cavaliers.

92 — Boîte ronde en écaille blonde posée or et argent, à fleurs.

93 — BOITE RONDE en écaille blonde, ornée d'une gouache : Jeune Garçon.

94 — BOITE RONDE en écaille blonde, ornée d'une miniature ovale : Portrait de femme, en buste, en costume Louis XVI.

95 — FLACON en forme de moine, portant une femme dissimulée dans une gerbe de blé. Ancienne porcelaine de Saxe.

96 — MÉDAILLON OVALE, peint sur émail : Jeune Femme en buste. Époque Louis XV.

97 — CHATELAINE, avec étui et breloques, en cuivre doré, à rocailles. Époque Louis XV.

98 — DEUX CHATELAINES variées en cuivre doré. Époque Louis XVI.

99 — PETIT MÉDAILLON ovale, peint sur émail : Jeune Femme en buste. Époque Louis XVI.

100 — ÉTUI-NÉCESSAIRE en jaspe jaune, monté cuivre. Époque Louis XVI.

101 — POMME de canne en cuivre gravé et doré. Époque Louis XVI.

102 — CARNET en nacre gravée et cuivre. Commencement du XIXe siècle.

103 — MÉDAILLON ROND, peint sur porcelaine : Portrait d'enfant. Signé : *Froment, 1818.*

104 — ÉTUI en forme d'enfant au maillot, en cristal de roche rose. Monture en or et argent.

105 — DEUX LOUPES variées, montées en argent doré.

106 — SIX CUILLERS en cristal de roche et argent émaillé.

107 — ÉTUI CYLINDRIQUE, décoré au vernis : Personnages, fond rouge.

108 — ÉTUI CYLINDRIQUE, décoré de jeux d'enfants au vernis; fond rouge.

109 — MÉDAILLON OVALE, présentant une miniature, à sujet galant. Revers parqueté de cheveux.

110 — PETIT FLACON-TABATIÈRE en verre aventuriné, monté argent.

111 — CACHET, à poignée de jade vert, monté or : Dragon.

112 — PETIT VASE en jaspe vert.

113 — MINIATURE à l'huile : Portrait de jeune homme en buste. Époque Louis XIV. Encadrée.

114 — PETITE MINIATURE OVALE : Portrait d'Homme en buste, vêtu d'une draperie bleue, XVIII° siècle. Encadrée.

115 — MINIATURE RONDE : Portrait d'homme en buste, en habit gris. Signée : *Ingres*.

116 — PETITE GOUACHE RECTANGULAIRE : Deux enfants feuilletant un livre. Fin du XVIII° siècle.

117 à 119 — ENVIRON DIX MINIATURES et fixés variés. (Seront divisés.)

ORFÈVRERIE

120 — PETIT CALICE en argent doré, base polylobée, XVII° siècle.

121 — CAFETIÈRE en argent repoussé et doré, décorée d'une armoirie, de fleurs et de rocailles. Travail de Londres, année 1754-55.

(Ventes Demidoff et Vollon.)

122 — Vase à bossages, avec couvercle en argent et argent doré, sur pied en forme de tronc d'arbre. Travail de Nurenberg, xviiie siècle.

(Vente Vollon.)

123 — Navette à encens en argent repoussé, à rocailles. xviiie siècle.

124 — Tasse à vin en argent, décor de godrons. xviiie siècle.

125 — Quatre salières rondes en argent, à décor de guirlandes et médaillons. Fin du xviiie siècle.

126 — Brûle-parfums en argent, partiellement ajouré; poignée en bois. Fin du xviiie siècle.

127 — Bougeoir, forme lyre, en argent. Fin du xviiie siècle.

128 — Pot à eau et cuvette en argent, décor de petites feuilles. Epoque Empire.

129 — Sucrier, avec couvercle et plateau, en argent, à décor de cygnes et grappes de raisin. Epoque Empire.

130 — Cafetière en argent, déversoir tête de lion. Epoque Empire.

131 — Huit flambeaux en argent, tige à pans et base ovale. Commencement du xixe siècle.

132 — Vase, avec couvercle, en argent repoussé, à décor de fruits et entrelacs.

(Vente Vollon.)

133 — Deux salières ovales en argent ajouré, à rinceaux, avec deux pelles à sel.

134 — Boîte ovale en argent repoussé, à fleurs.

135 — Bougeoir, à poignée-serpent, en argent.

136 — SUCRIER, avec couvercle, décor de guirlandes et rocailles ; bordure de strass.

137 — CORBEILLE à pain en argent, à décor de rocailles.

138 — MOULIN à poivre en argent. Travail anglais.

139 — RÉCHAUD OVALE en argent.

140 — BOITE de voyage en argent gravé.

OBJETS VARIÉS

141 — VASE sur pied, avec couvercle, en cristal gravé, décor de navire. Travail hollandais. XVIIIe siècle.

142 — TROIS VERRES émaillés : Paysages animés, France, XVIIIe siècle.

143 — COUPE, sur pied-balustre, en verre gravé. XVIIIe siècle.

144 — MOUTARDIER, avec couvercle, en verre doré. XVIIIe siècle.

145 — FLACON, à pans, en verre gravé. XVIIIe siècle.

146 — SUCRIÈRE en verre.

147 — DEUX VERRES à pied variés, l'un doré.

148 — DEUX FLACONS, avec bouchons, en verre gravé.

149 — DEUX FLAMBEAUX en étain. XVIIIe siècle.

150 — BLOC en étain.

151 — RÉCHAUD en métal ajouré; pieds-griffes. XVIIIe siècle.

152 — Deux flambeaux en métal, à décor de cartouches, fleurs et rocailles. XVIIIᵉ siècle.

153 — Croix-reliquaire en bois noir, avec figures du Christ, de la Vierge et de saint Jean en bronze. XVIIᵉ siècle.

154 — Support-applique en bois doré : mascarons et rinceaux. Époque Louis XIV.

155 — Coffret en bois sculpté, à armoiries et rinceaux. Travail de *Bagard*, de Nancy. XVIIᵉ siècle.

156 — Croix gréco-russe en bois sculpté, à sujets saints.

157 — Petit modèle d'église en bois ajouré et sculpté.

158 — Statuette de saint Sébastien en bois sculpté. XVIIᵉ siècle.

159 — Cage d'horloge en chêne sculpté. Époque Louis XVI.

160 — Groupe-applique en bois, avec traces de dorure : la Vierge portant l'Enfant Jésus.

161 — Portefeuille en maroquin rouge, du XVIIIᵉ siècle.

162 — Deux pupitres-écritoires, XVIIIᵉ et commencement du XIXᵉ siècle.

163 — Buste en terre cuite, grandeur nature, de jeune femme vêtue d'une chemisette.

164 — Médaillon ovale en terre cuite : la Vierge et l'Enfant Jésus.

165 — Médaillon en terre cuite, par *Nini* : Franklin.

166 — Vase en terre cuite, sur pied, décoré de figures d'amours en ronde bosse. XVIIIᵉ siècle.

167 — Figurine de personnage debout, en ivoire. Travail espagnol.

168 — Figurine : l'Assomption, ivoire. Travail espagnol.

169 — Christ en ivoire, de travail espagnol, dans un cadre en bois doré à feuillages.

170 — Christ en ivoire, dans un cadre de forme contournée, en bois doré.

171 — Lanterne à quatre faces, ornée de fleurettes d'anciennes porcelaines variées.

172 — Support carré en ivoire sculpté, de travail chinois.

173 — Canard en bronze chinois.

174 — Divinité indienne en bronze et deux figurines en jade gris de la Chine.

175 — Boîte ronde en jade gris ajouré de la Chine.

176 — Flacon en jade, monture or à rocailles.

177 — Boîte longue en jade gris. Travail indien

DENTELLES

178 — Volant, point de Burano à fleurs. Époque Louis XIV.

Long. 2 m. 80 cent.

179 — Col en ancienne guipure de Venise à reliefs.

180 — Col et deux manches en ancienne guipure plate de Venise.

181 — Volant point d'Angleterre, à fleurs. Louis XV.

Haut. 65 cent ; larg. 2 m. 80 cent.

BRONZES, PENDULES

182 — MORTIER, avec pilon, en métal de cloche. XVIIe siècle.

183 — PETITE HORLOGE de table, en forme de monument, en cuivre gravé. XVIIe siècle.

184 — AUTRE, à décor gravé, surmontée d'un dôme ajouré. XVIIe siècle.

185 — BAS-RELIEF en bronze ajouré : la Crèche. XVIIe siècle.

186 — DEUX FLAMBEAUX Louis XIV, en bronze doré ; tiges à quatre cariatides adossées.

187 — APPLIQUE de cartel-porte-montre en bronze orné d'une figure du Temps. Époque Louis XV.

188 — CARTEL en bronze doré à fleurs et rocailles. Signé : *J.-B. du Tertre, à Paris.* Époque Louis XV.

189 — PAIRE DE CHENETS en bronze ciselé et doré, présentant sur un gros motif de rocailles et de volutes, l'un une statuette de fillette, l'autre une statuette de jeune garçon assis. Époque Louis XV.

Haut., 33 cent.; larg., 39 cent.

190 — STATUETTE, en bronze doré : Louis XV. Base en marbre blanc. XVIIIe siècle.

191 — ENVELOPPE de boîte à musique en bronze doré, marbres blanc et rouge griotte, décorée d'un trophée d'instruments de musique et de motifs réguliers séparés par des pilastres. Frise de jeux d'amours. Époque Louis XVI.

192 — DEUX VASES avec couvercles en albâtre ; anses et pieds en bronze doré. Époque Louis XVI.

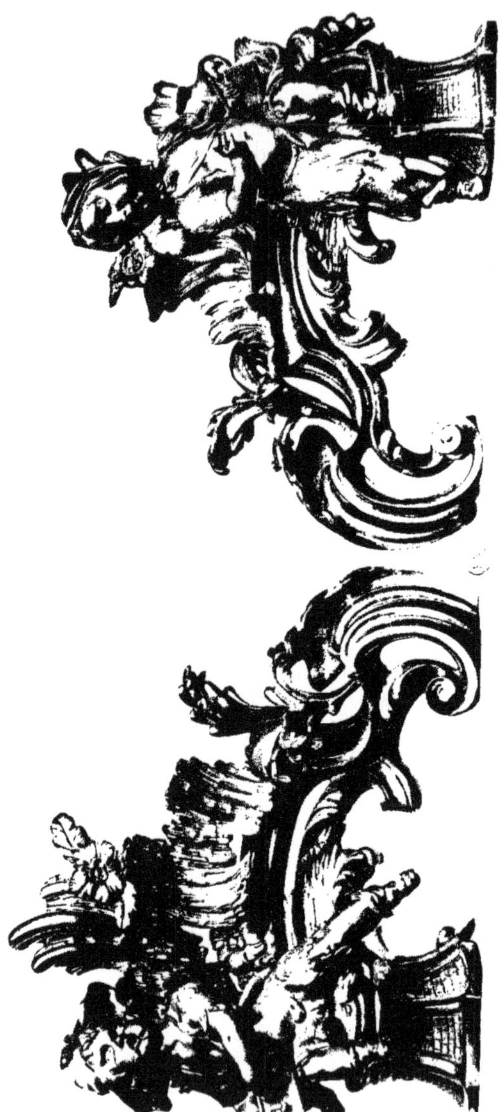

193 — PENDULE en marbre blanc et bronze doré à figures d'enfants satyres musiciens. Elle est surmontée d'une coupe en cuivre émaillé signée : *Coteau*. Époque Louis XVI.

194 — FLAMBEAU en bronze argenté, à décor de cannelures. XVIIIe siècle.

195 — DEUX FLAMBEAUX-CASSOLETTES, à trépieds décorés de mascarons en bronze. Fin du XVIIIe siècle.

196 — PENDULE en bronze doré et marbre blanc : le mouvement surmonté d'un jeune bacchant repose sur un char traîné par deux chèvres conduites par un amour ; derrière, un autre amour poussant le char. Fin du XVIIIe siècle.

197 — DEUX VASES en bronze doré, décorés de griffons et de palmettes, avec anses à volutes surmontées de deux satyres. Pieds-griffes ; base octogone. Époque Empire.

198 — FLAMBEAU de bouillotte, à quatre lumières, en bronze doré, décoré de cygnes. Commencement du XIXe siècle.

199 — TORCHÈRE en marbre noir sur pied en bronze, à têtes de boucs ; base en marbre noir également.

200 — GROUPE en bronze à patine brune : *Nymphes et satyre*. D'après *Clodion*. Socle en bronze doré à cannelures.

201 — DEUX PETITS SPHINX en bronze doré.

202 — BOUGEOIR en bronze : mascarons et entrelacs.

TAPISSERIE

203 — TAPISSERIE EN CANEVAS LAINE, de travail allemand, du milieu du XVe siècle, présentant David et Bethsabée, avec légendes allemandes entourant chacun des personnages; de chaque côté, un écusson d'armoiries. Fond de paysage.

Haut., 80 cent.; larg., 1 mètre.

(Collections Le Carpentier et Petit de Vauzelles.)

(Exposition de Tours, 1890.)

MEUBLES, TAPIS

204 — TABLE de milieu Louis XIV, composée d'une console transformée, en bois sculpté et doré à palmettes, quadrillés et mascarons. Dessus de marbre noir.

205 — CONSOLE en bois ajouré, sculpté et doré, à décor de rocailles. Pieds reliés par un croisillon à coquille. Dessus de marbre. Époque Régence.

206 — ÉCRAN en bois sculpté et doré, à feuille en tapisserie du temps de Louis XV, à fleurs sur fond blanc, avec encadrement jaune.

207 — DEUX ENCOIGNURES à une porte en bois de placage. Dessus de marbre. Époque Louis XV.

208 — CONSOLE en bois sculpté et doré, à rocailles et palmettes; pieds reliés par une coquille. Dessus de marbre. Époque Louis XV.

209 — BUREAU à dos d'âne en bois de violette, à quadrillés, garnitures de bronzes. Époque Louis XV.

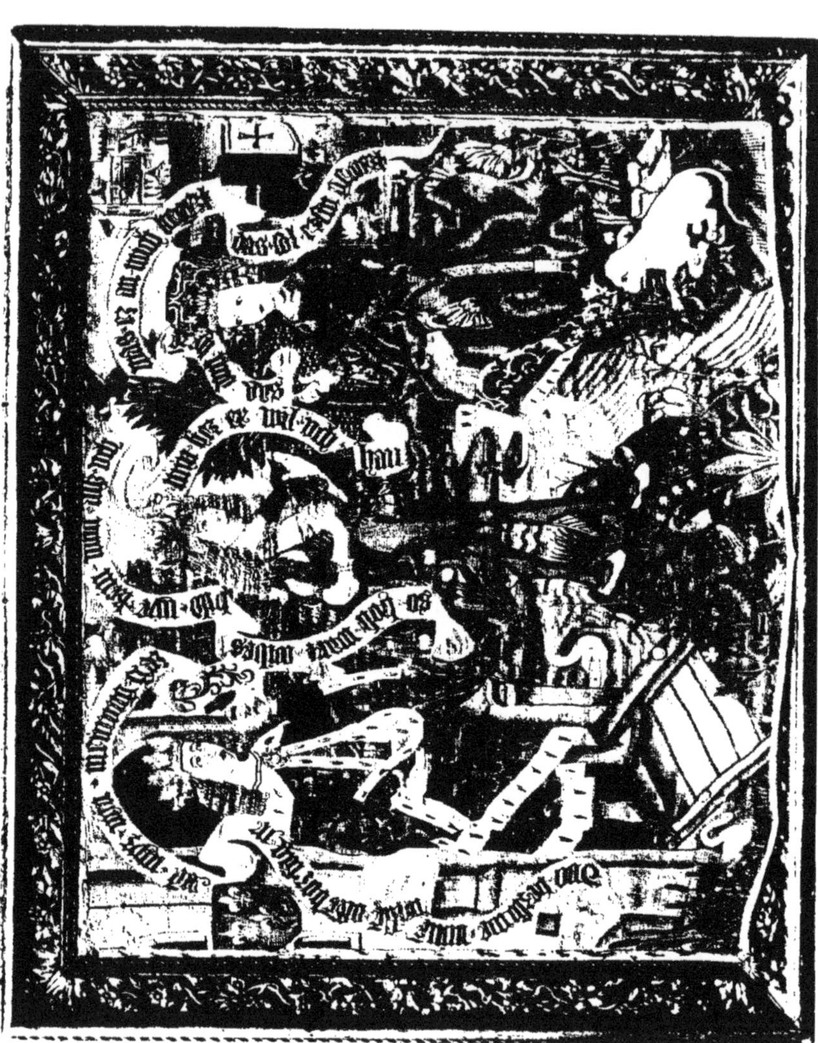

210 — COMMODE, à deux tiroirs en bois de placage, à quadrillés et rinceaux : chutes, poignées, entrées de serrures en bronze. Dessus de marbre. Époque Louis XV.

211 — Petit MEUBLE à hauteur-d'appui, à une porte vitrée, en bois de placage. Dessus de marbre. Époque Louis XV.

212 — MEUBLE-BAS à quatre tiroirs et une tablette en bois de placage. Dessus de marbre porter. Époque Louis XV.

213 — MEUBLE à hauteur d'appui, à quatre portes et un tiroir, en marqueterie de bois de couleur à fleurs ; garnitures de bronzes. Dessus de marbre. Époque Louis XV.

214 — TABLE en marqueterie de bois de couleur, à personnages chinois et fleurs. Chutes en bronze. Époque Louis XV.

215 — SECRÉTAIRE droit, à portes et abattant, en bois de placage garni de bronzes. Dessus de marbre bleu-turquin. Fin de l'époque Louis XV.

216 — COMMODE à deux tiroirs en marqueterie de bois de couleur, à décor d'instruments de musique et vases ; garnitures de bronzes. Dessus de marbre brèche d'Alep. Fin de l'époque Louis XV.

217 — COMMODE, à trois rangs de tiroirs, en racine et marqueterie de bois de couleur, à personnages, garnitures de bronzes. Dessus de marbre. Époque Louis XVI.

218 — TABLE-BUREAU de milieu, à nombreux tiroirs et tablette en bois de placage garni de bronzes. Signée : *Kemp*. Époque Louis XVI.

219 — COMMODE à cinq rangs de tiroirs en bois de placage, avec poignées et encadrements de cuivre. Dessus de marbre. Époque Louis XVI.

220 — DEUX ENCOIGNURES à cinq rangs de tiroirs en bois de placage, avec poignées et encadrements de cuivre. Dessus de marbre. Époque Louis XV.

221 — LIT d'alcove en bois sculpté et peint blanc et violet, avec ciel de lit. Époque Louis XVI.

222 — GLACE, dans un cadre : fronton aux attributs de l'amour. Époque Louis XVI.

223 — SECRÉTAIRE droit à abattant, portes et tiroirs, en marqueterie de bois de couleur, à décor d'instruments de musique; garnitures de bronzes. Dessus de marbre. Époque Louis XVI.

224 — BIBLIOTHÈQUE vitrée en bois de placage, garnie de bronzes. XVIIIᵉ siècle.

225 — TRUMEAU, formé d'une glace surmontée d'une peinture; encadrement, à rocailles, en bois doré et peint vert. XVIIIᵉ siècle.

226 — CONSOLE en bois sculpté, peint gris et doré, à rocailles. Dessus de marbre brèche d'Alep. XVIIIᵉ siècle.

227 — PETITE GLACE dans un cadre en bois doré et glace. XVIIIᵉ siècle.

228 — CHAISE Directoire en bois laqué blanc et or, couverte en soie bleue, avec galons en lampas.

229 — ENCOIGNURE en bois de placage, à porte et tiroir, décorée d'un médaillon. Travail anglais. Fin du XVIIIᵉ siècle.

230 — DEUX PETITS GUÉRIDONS en bois; piétements en bois doré à têtes de béliers. Fin du XVIIIᵉ siècle.

231 — SECRÉTAIRE droit, à abattant, portes et tiroirs, en acajou; colonnettes d'angle; garnitures de bronzes. Dessus de marbre blanc, à galerie de cuivre. Signé : *Fraud*. Fin du XVIIIᵉ siècle.

232 — Secrétaire, à abattant et tiroirs, en acajou, garni de bronzes dorés. Dessus en marbre. Époque Empire.

233 — Table de milieu en bois sculpté et peint blanc, à décor de guirlandes ; croisillon à vase, dessus de marbre blanc.

234 — Vitrine-cage, montée en fer.

Haut., 88 cent.; larg., 1 mètre.
Prof., 46 cent.

235 — Deux marquises en bois sculpté et doré, couvertes en soie bleu-clair brochée à fleurs.

236 — Deux banquettes en bois sculpté et doré, couvertes en ancienne soie blanche brochée à fleurs.

237 — Tapis persan, décoré de compartiments contenant des fleurs et des inscriptions. Bordure également à inscriptions.

AQUARELLES, DESSINS, PASTELS

MINIATURES

BOUDIN

(EUGÈNE)

238 — *Vue des environs de Trouville.*

Aquarelle.

Signée à gauche.

GAMELIN

(JACQUES)

239 — *Bacchanale.*

Dessin à l'encre de Chine.

Signé à droite.

GILBERT

(VICTOR)

240 — *La Marchande de fleurs.*

Petite aquarelle en forme de broche.

Signée à droite.

HUET

(JEAN-BAPTISTE)

241 — *Le Retour du marché.*

Dessin lavé d'aquarelle.

Signé et daté an XI.

LAMI
EUGÈNE

242 — *Étude pour le tableau représentant le Mariage du Roi des Belges et de la princesse fille de Louis-Philippe.*
> Aquarelle.

MULLER
DEUX PENDANTS

243 — *Réunion dans un parc.*

244 — *Réunion dans un intérieur.*
> Dessins rehaussés de gouache.

PISSARO
CAMILLE

245 — *Vue de Gisors.*
> Pastel.

PUVIS DE CHAVANNES

246 — *Étude pour une faneuse.*
> Dessin au crayon noir.
> Signé à droite.

ROCHUSSEN
CHARLES

247 — *La Promenade, à Versailles.*
> Lavis de sépia et d'aquarelle.
> Signé et daté 47.

SABATIER

248 — *Portrait d'Homme vêtu de noir.*
Miniature.

ZIEZEL
(G.)

249 — *Oiseaux morts, sur une table de marbre.*
Fixé sur verre.

Haut., 32 cent.; larg., 40 cent.

ECOLE FRANÇAISE

250 — *Gonflement d'une Montgolfière.*
Aquarelle gouachée.

KAUFFMAN
(D'après ANGELICA)

251 — *L'Amour désarmé.*
Gravure au pointillé.

TABLEAUX MODERNES

ANQUETIN

252 — *Paysage traversé par une rivière.*
    Signé et daté : 93.

Toile. Haut., 60 cent.; larg., 72 cent.

ANQUETIN

253 — *L'Arrivée.*
    Signé à droite.

Toile. Haut., 49 cent.; larg., 72 cent.

ANQUETIN

254 — *Aux Courses.*
    Signé à droite.

Toile. Haut., 1 m. 5 cent.; larg., 1 m. 46 cent.

CHARLET
NICOLAS-TOUSSAINT

255 — *Un Volontaire du bataillon de Marseille.*
    Étude signée à droite.

Bois. Haut., 24 cent.; larg., 14 cent.

CHARPIN

256 — *Le Retour du troupeau.*
    Signé à droite.

Bois. Haut., 27 cent.; larg., 34 cent.

DEZAUNAY

257 — *Paysannes dans un intérieur.*
Signé à droite.

Toile. Haut., 49 cent.; larg., 59 cent.

DEZAUNAY

258 — *Paysanne en buste.*

Toile. Haut., 60 cent.; larg., 48 cent.

DUPRÉ
(JULES)

259 — *L'Étang.*
Devant une chaumière, un pêcheur tient une ligne.
Signé à droite.

Bois. Haut., 18 cent.; larg., 25 cent.

GREUZE
(D'après)

260 — *L'Enfant au chien.*

Toile. Haut., 45 cent.; larg., 37 cent.

LA TOUCHE
(GASTON)

261 — *Les Adieux.*
Signé à gauche.

Bois. Haut., 78 cent.; larg., 76 cent.

MONTICELLI

262 — *Deux Amours.*

Signé à droite.

Bois de forme ronde. Diam., 15 cent.

MONTICELLI

263 — *Dames et Gentilshommes à l'entrée d'un palais.*

Signé à droite.

Toile. Haut., 49 cent.; larg., 98 cent.

MONTICELLI

264 — *La Promenade dans le parc.*

Signé à droite.

Bois. Haut., 25 cent.; larg., 28 cent.

NATTIER

D'après JEAN-MARC

265 — *Jeune Femme coiffée d'un voile noir.*

Toile. Haut., 31 cent.; larg., 31 cent.

PUVIS DE CHAVANNES

266 — *Le Soir.*

Étude signée à gauche.

Bois. Haut., 27 cent.; larg., 32 cent.

ROULLET
(GASTON)

267 — *Vue prise au Sénégal.*
>Signé et daté : 1891.

Toile. Haut., 30 cent.; larg., 44 cent.

ROUSSEAU
(THÉODORE)

268 — *Bords de rivière; effet du soir.*
>Étude.

SIMONS
(PAUL)

269 — *Port de pêche.*
>Signé à droite.

Toile. Haut., 36 cent.; larg., 54 cent.

SIMONS
(PAUL)

270 — *Vue de Venise.*
>Signé à gauche.

Toile. Haut., 45 cent.; larg., 58 cent.

SIMONS
(PAUL)

271 — *Bords de rivière.*
>Signé à gauche.

Toile. Haut., 33 cent.; larg., 55 cent.

SIMONS
PAUL

272 — *Vue des bords de la Méditerranée.*
    Signé à droite.

                        Toile. Haut., 43 cent.; larg., 64 cent.

SIMONS
PAUL

273 — *Vue de Menton.*
    Signé à droite.

                        Toile. Haut., 62 cent.; larg., 90 cent.

THAULOW
FRITZ

274 — *La Statue de Colléoni à Venise.*
    Signé à gauche.

                        Toile. Haut., 64 cent.; larg., 80 cent.

TABLEAUX ANCIENS

AVED
(JACQUES-ANDRÉ

275 — *Portrait de Madame de la Blotterie.*

Assise dans un fauteuil, de trois quarts à gauche; coiffée d'un bonnet, elle porte une robe de satin bleu, brochée d'or et bordée de fourrure.

Très beau portrait.

Cadre en bois sculpté.

Toile. Haut., 1 mètre; larg., 80 cent.

BAPTISTE
(MARTIN-SYLVESTRE)

DEUX PENDANTS

276 — *Soldats et Villageoises.*

Bois de forme ovale. Haut., 12 cent.; larg., 49 cent.

BOILLY
(Genre de)

277 — *Portrait d'un avocat.*

Toile. Haut., 32 cent.; larg., 23 cent.

BOUCHER
(École de)

DEUX PENDANTS

278 — *Jeux d'amours.*

Dessus de portes.

Cadres en bois sculpté.

Toile. Haut., 1 m. 02 cent.; larg., 1 m. 42 cent.

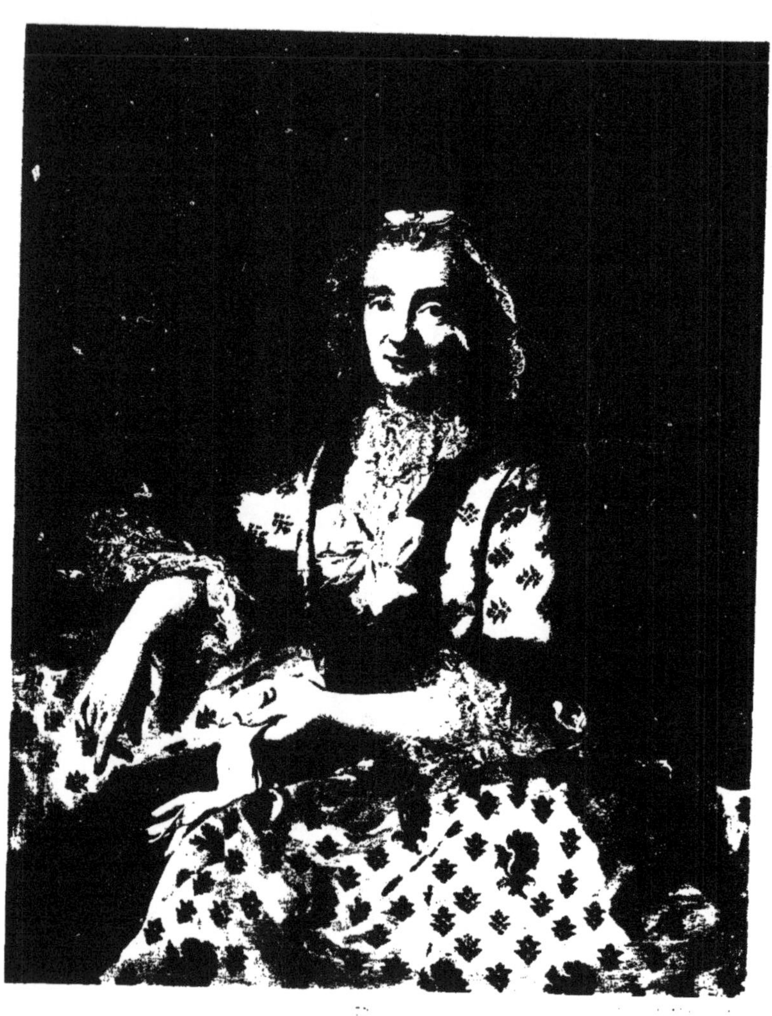

BOUCHER
École de

279 — *Le Colin-Maillard.*

Toile. Haut., 71 cent. larg., 56 cent.

BOUCHER
École de

280 — *Paysage avec ruines et cours d'eau.*
Dessus de porte.

Toile. Haut., 74 cent. larg., 1 m. 18 cent.

BOUCHER
École de
DEUX PENDANTS

281 — *Bergers et Bergères.*

Toile. Haut., 72 cent. larg., 58 cent.

DROLLING
(MICHEL-MARTIN)

282 — *Jeune Femme assise près d'une fontaine.*
Peinture sur carton.

Haut., 15 cent., larg., 11 cent.

DUBOIS
FRANÇOIS

283 — *Portrait équestre de Napoléon Ier.*
Signé et daté : 1815.

Toile. Haut., 46 cent., larg., 38 cent.

GOYEN
Attribué à JEAN VAN)

284 — *Un Canal en Hollande.*

Toile. Haut., 46 cent.; larg., 64 cent.

GUÉRIN
FRANÇOIS

DEUX PENDANTS

285 — *La Partie de musique.*

286 — *La Bonne aventure.*

Bois. Haut., 24 cent.; larg., 18 cent.

JEAURAT
Attribué à ÉTIENNE

287 — *Dame et Jeune Fille tricotant.*

Toile. Haut., 80 cent.; larg., 46 cent.

LANCRET
D'après NICOLAS.

288 — *La Camargo.*

Toile. Haut., 85 cent.; larg., 92 cent.

LEMOINE
FRANÇOIS

289 — *La Jeune Musicienne.*

Représentée à mi-corps, les cheveux poudrés, ornés de fleurs, vêtue d'une robe de soie jaune paille, décolletée, elle tient de la main gauche un feuillet de musique.

Charmant tableau.

Toile. Haut., 65 cent.; larg., 52 cent.

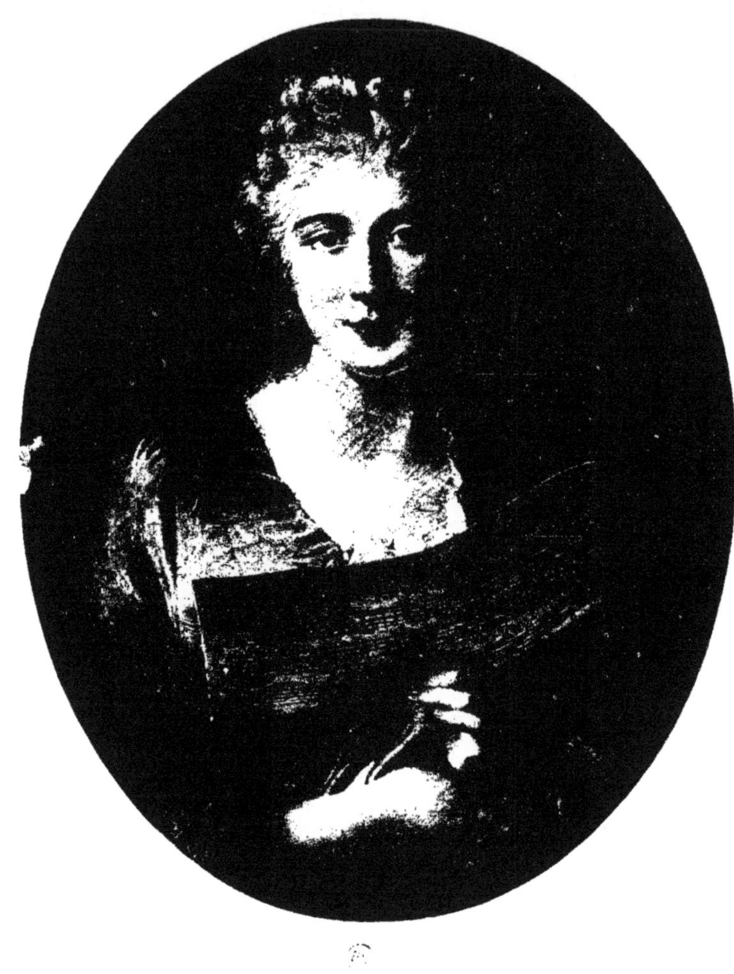

LEPRINCE
LÉOPOLD

290 — *Entrée de ferme.*
> Signé à droite.

> Toile. Haut., 25 cent.; larg., 32 cent.

LOO
(Attribué à CARLE VAN)

291 — *Portrait d'un maréchal.*
> Vu jusqu'aux genoux, en armure, tenant le bâton de commandement.
> Cadre en bois sculpté.

> Toile. Haut., 1 m. 30 cent.; larg., 95 cent.

LOUTHERBOURG
JACQUES-PHILIPPE

292 — *Le Berger entreprenant.*

> Toile. Haut., 15 cent.; larg., 13 cent.

MALAINE
(JOSEPH-LAURENT)

293 — *Fleurs dans un vase.*
> Signé à droite.

> Cuivre. Haut., 32 cent.; larg., 27 cent.

MARIESCHI
JACQUES

294 — *La Place Saint-Marc à Venise.*
> Cadre en bois sculpté.

> Toile. Haut., 48 cent.; larg., 65 cent.

NETSCHER
(Attribué à GASPARD)

295 — *Le Duo.*

Bois. Haut., 43 cent.; larg., 33 cent.

PATER
(Attribué à JEAN-BAPTISTE

296 — *Récréation champêtre.*

Gracieuse composition dans un cadre en bois sculpté.

Toile. Haut., 60 cent.; larg., 50 cent.

PRUD'HON
(École de)

297 — *Portrait d'Homme en manteau gris.*

Toile. Haut., 63 cent.; larg., 53 cent.

SANTERRE
(JEAN-BAPTISTE)

298 — *Portrait de Jeune Femme.*

Vue à mi-corps, assise, en corsage rose avec écharpe jaune, elle offre une noisette à une perruche posée sur son épaule et caresse un chien de l'autre main.

Cadre en bois sculpté.

Toile. Haut., 90 cent.; larg., 73 cent.

SCHENEAU

299 — *Intérieur villageois.*

Cadre en bois sculpté.

Bois. Haut., 31 cent.; larg., 40 cent.

VOIRIOT
(Attribué à GUILLAUME)

300 — *Portrait d'Homme en habit rouge.*

Toile. Haut., 82 cent.; larg., 63 cent.

ÉCOLE FLAMANDE
(XVI siècle)

301 — *Volet de triptyque.*

Bois. Haut., 1 m. 20 cent.; larg., 46 cent.

ÉCOLE FRANÇAISE
XVIIIe siècle

302 — *Un Campement.*
Aquarelle gouachée.

ÉCOLE FRANÇAISE
XVIIe siècle

303 — *Médaillons entourés d'ornements.*
Feuilles d'éventail.

ÉCOLE FRANÇAISE
XVIIIe siècle)

304 — *Jeune Femme prenant une tasse de thé.*
Signé P. S.

Toile de forme ovale. Haut., 33 cent.; larg., 23 cent.

ÉCOLE FRANÇAISE
(XVIIIe siècle)

305 — *Portrait d'Homme caressant un chien.*
Pastel.

ÉCOLE FRANÇAISE

306 — *Pêcheurs levant leur filet.*

Toile. Haut., 62 cent.; larg., 72 cent.

ÉCOLE FRANÇAISE
DEUX PENDANTS

307 — *Scènes galantes.*
Peinture sur cuivre.

Haut., 19 cent. ; larg., 16 cent.

ÉCOLE FRANÇAISE

308 — *Jeune Femme en robe violette.*
A droite, une signature effacée et la date *1760.*

Toile. Haut., 91 cent.; larg., 70 cent.

www.ingramcontent.com/pod-product-compliance
Ingram Content Group UK Ltd.
Pitfield, Milton Keynes, MK11 3LW, UK
UKHW031757170726
13836UKWH00003B/1024